JN437851

눈이 오는 날은
어디론가 떠나고 싶다

눈이 오는 날은
어디론가 떠나고 싶다

초판 1쇄 인쇄 2017년 12월 10일
초판 1쇄 발행 2017년 12월 15일

지은이 | 김용선
펴낸이 | 배진한
디자인 | 류요한
펴낸곳 | 도서출판 온북스

등록번호 | 제 312-2003-000042호
등록일 | 2003년 8월 14일
주소 | 경기도 하남시 위례중앙로 215
전화 | 02-2263-0360
팩스 | 02-2274-4602

ISBN 978-89-92364-95-9 03810

눈이 오는 날은
어디론가 떠나고 싶다

김 용 선 시집

온북스
ONBOOKS

책 머리에

국방연구개발자로 평생을 살아온 사람이
시집을 낸다는 것이 무척 부담되고
어려운 일로 느껴졌지만 용기를 내어
불혹의 나이부터 조금씩 써 온 시들을 모아
오랜 꿈인 시집을 세상에 내어놓는다.

금년이 오랫동안 근무한 연구소를
퇴직하는 해라 이번 시집이 더욱 뜻 깊고
소중한 결실로 내겐 엄청난 행운이자
큰 선물로 느껴진다.

시인의 길이 어렵고 외로운 길이어도
무한한 시의 세상을 넓혀서 세상을

따듯하게 만드는 그런 시인으로
발전해 가고자 다짐을 해 봅니다.

시집이 나오기까지 곁에서 성원해 준
사랑하는 아내와 가족, 존경하는 선배님들과
평생 친우들에게 감사하다는 말씀 올립니다.

2017년 겨울 靑淡 **金 龍 善**

| 차례 |

시인의 말 _ 004

1. 눈이 오는 날은 어디론가 떠나고 싶다

눈이 오는 날은 어디론가 떠나고 싶다 _ 012
봄 날
산골에 핀 평화의 꽃 _ 015
산안개
小白山 겨울 _ 018
山을 오르며
낙엽이 지던 날 _ 022
눈꽃
청보리 _ 026
낙엽이 진다
무인도 _ 028
꽃잎이 흐른다
벽에 핀 꽃 _ 031
강 3
봄비 _ 033
어둠의 저편
지는 해를 보며 _ 035
늙은 꽃
강아지풀 _ 037

2. 그리움의 끝

그리움의 끝 _ 040
꿈
이별의 노래 _ 043
깃발은 저절로 펄럭이지 않는다
외로움의 폭설이 내린 밤 _ 045
커피 한잔
이별의 길 _ 048
인연의 江
이 바다에 내가 있다 _ 052
슬픔이 늙어간다
세월속의 나 _ 056
인생
도시의 밤 _ 059
미완성 인간
구름 인생 _ 061
겨울 단상
어제가 또 온다 _ 064
세월 속에 보이는 것
인생 4 _ 068
인생 5
쉬고 싶은 날 _ 070
자유 2
남겨진 인생 _ 072
공판장 막걸리

3. 당신과 나는 하나

당신과 나는 하나 _ 078
겨울밤에
할아버지 텃밭 _ 080
그런 날이
잠든 아내를 보며 _ 084
그대
고향 가는 길 _ 087
어느 날
차 한잔에 보이는 당신 _ 090
실직
내가 누구인가 _ 094
먼저 간 친구여
병실 _ 099
홍천강

4. 체온 36.5도

체온 36.5도 _ 104
주전자
시계 _ 107
김수환 추기경
법정 스님 _ 110
분재
돛단배 _ 114
영혼 모습
퇴직하는 날 _ 116
뫼비우스 띠 길
조국 _ 120
우주
백곰이 날던 날 _ 122
구룡이 난다

발문 _ 125
서예 _ 132
사진 _ 142

1

눈이 오는 날은 어디론가 떠나고 싶다

눈이 오는 날은 어디론가 떠나고 싶다

쌓인 나이를 딛고 하늘을 만져본다
예사롭지 않은 함성,
떨리는 발자국 소리에 놀라
늙은 도로 위로 강물처럼 흘러오는
부끄러운 그림들

오늘은 너무 깊어진 겨울의 한 복판
숨구멍의 욕망처럼 시린 얼음을
뚫고 하늘로 날고 싶다

門을 연다
초라한 무대 저편에서
열린 門으로 쉼없이 달려오는
벌거벗은 흰 몸짓의 파도
그 물결에 소리 없이 묻혀 버리는
낡은 기억들

이젠
남은 가슴 적셔주는
넉넉한 바다의 품으로 돌아가
숨 쉬는 그림을 다시 그려야 한다

봄 날

이 봄
소쩍새 울음이 달려든다
거꾸로 흐르는 강을 발견한 듯
저 울음소리에 가열되는 심장

흘러온 길 뒤 돌아 보니
잃어버린 얼굴들 가득 쌓여 있고
주인 없어 문 닫은
추억의 찻집으로
외로이 스며드는 자화상

너무 무심해진 들녘으로
심장 소리 퍼다 심어보지만
소쩍새 울음소리만 커져갈 뿐
세상은 변함없이 거기
그대로 서서
바보처럼 살아온 내 이름을
구경하고 있다

산골에 핀 평화의 꽃

都市의 무거운 불빛 접고
낮에도 별이 보이는 산골로 떠난다

외딴 고독의 소리만
살고 있는 줄 알았는데
숨어버린 도시의 꽃들이 여기에 다 모여
自由 가득 실린 평화의 노래를 부른다

산골에 핀 평화의 꽃에
물들고 나니
낡은 불빛들 모두 사라지고
그 이름 부르지 않아도
님이 되어 다가오는 별빛 향기

都市의 지친 사연들이
自由가 숨쉬는 태초의 별빛으로
살아나는 산골 이야기

산안개

I

저 산안개 속에 무엇이 있을까
잃어버린 꿈이 떠다니고 있을까

희미하게 솟아오른 나목들의 함성
숨소리 멈추고 나니
나를 부르는 소리가 들린다

너무 잊고 살아온 꿈들이
그 속에서 펄럭이고 있는데
아직도 떠나지 못하고 망설이는 가슴

푸른 고향이 숨어있는
산안개 속으로 사라지고 싶다

II

저 산안개 속에 누가 사나
펄럭이는 물결
심장 소리가 들린다

흐릴수록 깊어지는 인연
온 세상을 미친 마음으로 채색하고
누구든 사랑해야 한다
이 안개 속에서는

小白山 겨울

山寺 뒤로 다가선 겨울밤
빈 가슴으로 쌓이는
故鄕의 흰 눈소리
흩어진 무심한 돌탑의 기억이 모여
우리의 흔적을
겨울 노래 속으로 묻어 버린다

연화봉 봉우리로
잊었던 生命의 울음 날고
두 손 깊이 잡은 채
비로봉 흰 능선에 올라선다
여기, 정상의 숨소리 거칠고
바람에 날려 보내는 추운 과거와
南에서 밀려오는 愛根의 불빛

山酒의 흔들림
化石을 향한 욕망으로
무너져 내리는 그 밤의 그림들
등불 긴 그림자 위로
희미한 세월의 城이 쌓여간다

都市의 얼룩이 소리 없이
파묻히는 밤
흰 小白山 노래가
故鄕으로 달려가고 있다

山을 오르며

푸른 공간으로 펼쳐진 산길
저 山 올라야 하는 시간,
소리 없이 쌓여온 힘든 나이 덕에
山 위로 오를수록 더욱 무거워지는 발길
꿈이 지쳐간다

남은 건 빈 가슴이던가
한 장의 흐린 기억을 더듬어
들풀의 인생을 배워야 한다

빛이 바래도 꿈을 피워내야
이 山 오를 수 있으니

오늘은,

들풀의 쉼 없는 열정 가슴에 담고

지나온 운명 모두 받아들이며

쉬지 않고 끝없이 걸어가는

그런 고독한 강물이 되어

이 山을 넘어가리라

낙엽이 지던 날

세수도 못한 낙엽 한 장이
바람에 떠밀려 꿈 속 세상으로
떠나간다

시간도 흐르고
계절도 흐르고
우리도 그렇게 흐르고
가끔씩 멈춰서 보면
모두가 꿈을 꾸며 사는 세상

저 산 너머
저 바다 너머
저 인생 길 너머로
달빛이 흐르고 별빛도 흐르고
그리고
추억으로 빚어낸 우리들의 꿈도
낙엽소리와 함께 흘러간다

세상 길
그리 먼 길도 아니라고
그리 힘든 길도 아니라고
외치는 낙엽의 긴 울음소리

오래전 잃어버린 상처난 별 하나
그놈 꼭 살려내는 꿈을 꾸러
떠나고 싶은 날

노을빛이 낙엽 위에서
별이 되어 웃어주고 있다

눈꽃

겨울이 하얗게 깊어간다
모든 꽃은 눈꽃으로 통일되고
하나의 길만 열린다

미워할 수도
도망갈 수도 없는 눈꽃 세상 길
하나 뿐인 길이라
외로움도 그리움도 같이 달린다

이별이 남긴 추운 빈 가지로
수북이 달려드는 꽃들의 향연
겨울 잔치는 깊어가고
너도 있고 나도 있고
너도 없고 나도 없는,
법이 사라진 자유로운 눈꽃 세상
순결하게 얼어가는 눈꽃 향기

어둠도 차마 이곳으로 오지 못하고
고단한 과거가 모두 잠든 하얀 눈꽃 마을
그 속에 파묻혀 가는 내 몸으로
하나 뿐인 길에서 달려오는
겨울 향기가 친구하자며 스며든다

청보리

청보리 물결 일렁인다

눈 감고 보니
행복의 소리가 들린다

마음으로 들으니
사랑의 향기가 난다

이런 물결 보게 해줘서
고마운 날, 눈물 나는 날

여기는 청보리 세상
홀로 있어도 외롭지 않다

낙엽이 진다

그렇게 무거운가 낙엽이
날아가는 척 해도 끝내
땅으로 내려간다

낙엽 속에 무엇이 들어있나

죽음이 들어 땅으로 가는가
새 생명 전하러 숨는가

모진 세월 잊으려
멀리 떠나려 해도
정든 날들 너무 많아
아주 멀리 날진 못하는구나

무인도

처음부터 거기엔
등대가 필요없었다

배는 저절로 움직이고
자유롭게 출렁이는 파도

바람도 주인이 없고
사랑도 주인이 없는 곳
상대성 이론을 알 필요도 없는 곳

사람 냄새 파도에 지우고 나니
무심한 노인 바위가 생겨난다

아무도 없고
누구도 원망해선 안 되는 무인도

나만을 위한 노래 맘껏 불러대도
잡아가는 사람 아무도 없으니
여기선 시끄러운 갈매기로 살아가도 된다

꽃잎이 흐른다

물결 타고 도는 꽃잎
인생도 돌고 있다

모두가 돌고 도는 세상

꽃잎의 날개 짓
꽃잎의 물 飛行에
계절이 떠나간다

다시 피어날 수 있을까

꽃잎처럼 어디론가
떠나야 하는 길
내 마음도 사랑이 담긴 마을로
가고 있다

벽에 핀 꽃

딴 세상 보러
벽 뚫고 나온 꽃 하나
이제 다시 돌아갈 수 없다

세상이 달라져
친구하나 없는 사막같은 풍경

두고 온 인연들과의 이별에
가슴으로 눈물이 흐른다

그래도
하늘과 땅은 그대로이고
햇볕도 예전대로 불어오니
살아갈 수는 있겠다

강 3

어린 그때
강의 끝까지 가보고 싶었다

거기에 태초의 때 묻지 않은
비단결 원형질이
살고 있을 거라 믿었다

끝없는 영혼의 물줄기
언제나 태초의 물
가는 곳 마다 고향

강이 그래야만 했다

지금 낡아진 가슴이어도
그 강을 찾아 나선다

봄비

봄비에 젖은 눈
어디로 가나

소리없이 찾아온
생명들의 숨소리

그 소리에 놀라
고향으로 떠나는 기쁜 가슴

꽃잎도 봄비에 젖어
생명 넘치는 노래를 부른다

어둠의 저편

누군가가 내린 어둠
그 어둠의 뒤에
숨어있는 붉은 태양

모두에게
세상은 멈추지 않고
공평한 시간도 주고
똑 같은 태양 빛을 준다

어둠이 아무리 깊게 깔려도
붉은 태양이 빚어내는 동백꽃은
누구나 볼 수 있으니

어둠의 뒤편을 뒤적거리면
세상을 미워하기보다는
사랑해야 한다는 것을 알게 된다

지는 해를 보며

지는 해 붙잡지 말자
떠난 자 그리워 말자

영원이란 영원히 없는 법
변화가 생명의 원천

저 해도
내일은 또 다른 해로 나타나고

우리도 내일은
새로운 우리로 등장한다

늙은 꽃

묵은 향기 나서 돌아보니
낡은 꽃 하나 웃고 있다

꽃잎에 새겨진 얼룩 미련들
마지막 바람이 오면
떠나가야 하는 운명

사랑의 맛도 보고
이별의 눈물도 견뎌낸
늙은 꽃 된장 향기로
얼룩 미련을 씻어낸다

낡은 외투 입고 있어 날지 못한 채
힘든 세상 눈물겹게 지켜온 묵은 꽃

가슴으로 보니
늙은 꽃이 더욱 아름답다

강아지풀

강아지풀 한 마리
하늘로 기어오르고 있다

갈바람 달려와
흐르는 땀을 씻어준다

햇빛 달빛 별빛 품고
이슬도 마시며 살아온
강아지풀 생명의 길

나보다 더 진한 색으로 살고 있어
고개를 숙여야만 했다

2

그리움의 끝

그리움의 끝

그리움 다 퍼내고 먼 山으로 떠난다
바람도 울고 있는 저 山에서
한번 쯤은 내가 아닌 솔개가 되어 보리라

퍼내고, 비우고 또 비운 이 몸
솜털처럼 가벼워져
이제사 자유의 날개 짓 좀 하려는데,
질긴 因緣의 끈이 태양이 되어
또 다른 색의 그리움을
光速으로 내 몸에 퍼 담는다

그리움의 끝자락에 다시 몰려오는
긴 그리움 조각들
그 속에 새겨진 떠날 수 없다는 법칙

먼 山 위에서도 내 몸은
하늘을 날 수 없는 새가 되어
이 세상에 묶인 채
그리움의 호수에서 살아가야 하는
행복한 나그네 된다

꿈

그대
저기 강 건너 새벽 안개속에
꿈 하나 들고서 방황하는
머나먼 그대

돌아갈 수 없는 길
지친 몸부림에
용암처럼 흘러내린 빨건 눈물
시린 새벽 공기에 몸은 식어가도
뚜렷이 다가오는 저기
불타는 그대 영혼

지울 수 없는 꿈
눈물 옷자락에 끝까지 남아
이 한 몸 살아있음을 알려주는데
안개 속 그대는
너무 멀리서 흔들거리고 있네

이별의 노래

그리움 넘쳐 강물 되어
그대 가슴속 깊이 흘러가도

봄 향기 모두 가버린
차가운 공간만이 남아
이 몸을 휘감는다

이제 머물 곳 없는 나그네
그저 한 조각 구름같은 인생인 걸
물안개 흐느끼는 눈물 강변을 돌고 돌며
모든 미련을 묻어버리고
어둠의 숲으로 가야할 시간

남긴 건 모두 가슴에 태우고
마른 눈물조차 잊고서 돌아가야 하는가
저기 無念의 세상으로

깃발은 저절로 펄럭이지 않는다

저 높은 깃발
바람이 있어야 춤 출 수 있다
바람이 가면 그저 한 조각의 천일 뿐,
아무런 미소도 짓지 않는다

먼 길 돌아온 인생에
조금씩 불어오는 바람 소리
흐릿한 모습으로 가늘게 밀려오는데
바람에 춤추는 저 깃발처럼 펄럭이려면
파란 심장 하나를 더 준비하여야 한다

계절도 잊은 채,
하늘에서 희미하게 떨고 있는 인생의 깃발 塔
순결한 마음으로 채색하고 파도처럼 춤추게 하려면
첫사랑 펴 날랐던
그런 파란 심장에서 쏟아내는
아주 진한 生命의 바람이 불어야 한다고
저 펄럭이는 깃발이 알려 주고 있다

외로움의 폭설이 내린 밤

밤새 내린 외로움의 폭설
길도 집도 사라지고
눈에는 차가운 눈물 뿐
갈 곳이 보이지 않는다

폭설을 넘어가기엔
너무 지쳐버린 나이 아닐까

눈 감으니 보이는 인생 塔
외로운 영혼에 젖은 채
나를 기다리고 있다

이제부턴 마음속에 쌓아둔
추억을 하나씩 꺼내서
등불처럼 밝히며
그렇게 걸어갈 수밖에 없다

그리운 사연 모아두길 잘했다

커피 한잔

흐느끼는 커피
묵은 추억도 함께 흐느끼는
모래 틈보다도 작은
아주 오랜 단세포 커피 집
그곳으로 향한다

미련의 거리에는
빛바랜 포장지만 가득하다
탁해진 추억을 눈물로 씻어내도
끝없이 이 거리로 달려오는 매연
숨 쉴 수 있는 공간으로 가야 한다

거기서,
부끄러운 과거
진한 커피 향기로 채색하고
눈물 없는 세상을 걸어가는
인간의 모습을 발견해 내고 싶다

커피 한잔에 숨겨진 영혼의 향기
단 한 줄이라도 맡을 수 있으면
오늘 밤, 편히 잘 수 있겠다

이별의 길

떠날 때가 되었다
이별이 그리 어려운 잔치도 아닌데
바람이 되어 사라지지 못하는 이유가 무엇이더냐
보이지 않는 추억까지 불사르고 이젠 떠나야 한다

여기엔 깊은 잠에 빠진 낙엽과
철없이 흘러가는 물소리 정도 남겨두자

누군가 와서 맘껏 그림을 그릴 수 있도록
나의 흔적은 모두 날려 보낸다

아이야 너 이제 느낄 수 있느냐
저 산 너머 뜨거운 태양이 부르는 노래를

이젠 무거운 짐 모두 벗어버리고
자유가 너무 많아 조금은 고통스러워도
저 태양을 만질 수 있는 그런 동네로
날아가 보자

이별은
내 안의 또 다른 나를 만나러 가는 첫걸음이다

인연의 江

오래전 인연 거기 그대로 있네
낡은 창 하나 열고 나니
묵은 차 향기 타고 추억이 날아오네

늘 꽃인 줄만 알았던 인생
어느덧 떠날 수 없는 고목이 되어
지난 일 들 수북이 쌓아 놓고 있네

가끔은 허전한 날도 보이고
아픈 마음과 초라해진 육신도 보이지만

고목 속에 보석처럼 빛나는
소중한 인연 살아 남아
추억의 술 한잔 들고 우리를 부르네

인연도 강물처럼 거꾸로 흘러가지 못하고
강물이 흘러 깊어 가듯 인연도 깊어 간다

강 속에 인연이 살고 있었고
인연 속에 강이 흐르고 또 흘러가고
그렇게 우리들 인연도 쌓이고
또 쌓여 가네

이 바다에 내가 있다

바다를 걷고 있다
빠지지 않으려고 쉼 없이 앞으로 나간다
두고 온 사연 고치고 싶은데
여기선 뒤로 걸을 수도 멈출 수도 없다

저 멀리 아무 것도 보이지 않아도
그 곳에 내 꿈이 있다고 믿어야
이 바다에서 추락하지 않는다

파도가 잠시 스쳐 내 얼굴 적실 때
그때 한번 쯤 사랑의 기억을 떠올려
땀방울 벗겨내 보기도 하지만,
먼 꿈을 찾아가는 이 바다에서
잠시도 쉴 수 없는 내 발길

그리운 건 모두 발자국 뒤로 묻고
노을처럼 점점 붉은 울음소리로
바다와 하나 되어 그대 향한 노래 부르니

이 바다에는
영원히 꿈을 향해 굴러가는 내가
시퍼렇게 출렁거리며 살고 있다

슬픔이 늙어간다

슬픔의 성벽에 기댄
날지 않는 묵은 이끼 위로
깊숙이 밀려오는 침묵의 바람

모든 것을 사랑하라는
괴로운 흐느낌
슬픔의 성벽이 무너져 내린다

슬픔은 그림으로 늙어가고
함께 걸어온 내 그림자
그대의 더 큰 슬픔도
빈 그림으로 낡아간다

무뎌진 눈 덕에 보이는
그림 속 새로운 세상
슬픔의 성으로 밀려오는
아련한 고향의 사랑 냄새

눈물만 담던 커다란 소주잔에
지나온 이끼 인생 모두 담아
슬픔의 성벽에 붓는다

저 멀리 그림 속 나의 그림자
취한 채 무너진 성벽에 기대어
눈물 없는 세상을 바라본다

세월속의 나

이제는
파도가 치면 치는 대로 밀려간다
바람이 불면 부는 대로 흔들린다
세월의 무게에 짓눌린 나의 몸이
너무나 얇아져 버린 탓이다

세월이 흐를수록
쌓일 것만 같던 지혜가
고단한 삶에 눌리다 보니
내 몸에서 떨어져 나간 채
힘 없이 저 바다를 뒹군다

밤이 다가와
당신이 누군가라고 물으면
나는 사라지고 빈 몸만 남았다고
그렇게 외칠 것이다

차세대 꿈
개발하지 않으면
빈 몸조차 없어지니
오늘은 저 세월 속으로 꿈꾸러 가야한다

인생

흐릿한 한 장의 복권에
인생을 걸고 선
낯선 사내의 뒷모습에서 발견되는
나의 냄새

잡을 수 없는 꿈에 파묻혀
이제는 초라한 노래조차
부를 힘 없이
방황하는 그런 사내
그리고 낯선 나

긴 한숨으로 달려드는 노을에
더욱 무겁게 퇴화되는
나의 긴 그림자

말라버린 강이어도
고향 가는 꿈 한 줄기는 심고
낯선 사내 살려내 보자

도시의 밤

모든 껍질 벗고 서면
고향도 남이어라

눈 먼 세상을 향한
빛나는 저 빌딩 숲

그 끝은 결국 시작이 되고
눈 감아도 보이는 생명의 샘

샘소리조차 이겨내고
태초로 돌아가면

도시의 종소리가
숨을 쉬기 시작한다

미완성 인간

이 눈으로 무얼 보고
살아왔는지
꿈도 생명이 있어야
검은 밤을 탈출하는데
반백 년 숨소리에 충혈된 가슴

아직도 이 제단에
얼마나 더 미움을 쌓아야
철없이 기도하는 모든 者들을
사랑할 수 있을까

제단에 선 반쪽자리 몸
꿈도 반쪽만 들어있다

나머지 반 채우러
어디든 떠나자

구름 인생

구름에게 물었다
푸른 하늘 맘껏 날아다녀
좋겠다고

구름이 대답한다
이리로 저리로 떠돌아
집 한 채 없는 신세라고

저 척박한 땅의
괴로운 잡초보다
힘든 인생이라고

그래도 높은 하늘에서
날고 있는 구름이
휴가 한번 제대로 못 쓰는
나 보다 폼 나게 살고있다

겨울 단상

겨울이 그리워지면
시린 이라도
차가운 세상 깨물고
온 몸에 불을 지피리라

지난 향기 모두 눈 속에 적시면
숨었던 푸른 하늘이 보인다

서성이는 아픈 과거도
지나고 보면 남의 일
왜 탈출하지 못하고
추위에 떨고 있었던지

돌아보면 모두가 고향이 되고
무딘 몸이라도 숨 쉴 공간은
어딘가에 남아있다

희미한 미래가 다가오는 날
옷을 벗고 꽃눈 속에 선다

어제가 또 온다

어제 가고
내일이 와야 하는데
또 다른 어제가 나타난다

치우지 못한 눈이
산으로 변하는 추운 세상

꽃을 피우기에 너무 어두워
내일이 올 생각을 하지 않는다

기차가 하늘로 나는 새날을 바라지만
오늘은 국밥 한 그릇도 구하기 힘든 날

새날 새 하늘 아니와도
한 점 희망이 있던 어제가 그립다

어제보다 더 따듯한 어제가 나타나길
신과 같은 저 태양에게 기도하며
오늘을 접는다

세월 속에 보이는 것

스님이 주신 녹차 한잔
커피 향기도 들어있다

신부님이 입은 청바지
사람 냄새가 난다

멀어도 우주
가까워도 우주
우주 속 우리들 세상
가깝고도 먼 얘기로 가득 차 있다

잠시 머물다 가는 우주 속
물처럼 흘러가는 세월에 몸을 맡기니
빗소리에 담긴 하얀 눈소리 들리는
세상이 보인다

한 점으로 변해버린 내 가슴으로
스님과 신부님이 손잡고
한 줄기 빛이 되어 다가오시며

좋은 세상 살고 있으니
행복해 해도 죄가 되지 않는다고
눈빛으로 일러주신다

인생 4

책 하나 달랑 들고 떠난
꿈 속 무인도
갈매기 친구되리란 환상 속에
몸을 맡겨 보지만
보이는 건 고독한 바다
들리는 건 외로운 바람 소리

혼자라서 무섭게
멍청해지는 무인도
그리움도 외로움도
아무 소용없다는 사실이
이렇게 기쁠 수가 없다

인생 5

사랑을 하니
마음의 문이 열리고
열린 마음의 문으로 보이는
넓디 넓은 세상

사랑의 문으로
들어가야 보이는
벌거벗은 참 인생 모습

인생이 원래 이렇게
순결하고 아름다운 것이라는 법칙이
몹시 고맙다

쉬고 싶은 날

두 눈 끝
아득한 산으로
그저 숨고 싶은 날

삶의 온도가 내 체온보다
너무 차다는 사실을 알았다

출근 도장 안 찍고 사는
저 산새가 무척 부럽다

자유 2

그 산에 홀로 가
이름 석자 파묻고

낡은 외투에 묻어있던
기억의 파편들 마저 태우고
집으로 돌아오니
모든 것이 낯설어졌다

가진 것 모두 가버렸으니
이제 더 이상 과거의 나는 없다

새 길
내 맘대로 걸어간다

남겨진 인생

떨어진 꽃잎 떠나고
나는 남는다

또 하나의 낙엽
그대가 흘러가도
나는 남아 있다

모두가 사라져가도
남아야 하는 나

청바지 모두 닳아
빈바지 되는 날까지
나는 남아서
월급 받으며 사는
아주 작은 인생 극장 참가자

아침 해는 또 떠오른다

울지 않는 심장을 달고
출근 카드리더기 앞에 서 있는
나의 모습에서
때 묻은 대견한 잡초가 발견된다

공판장 막걸리

안주는 처음부터 사라지고
덩그러니 남은 막걸리 몇 사발
비어갈수록 쌓여가는 우정의 잔들

허공으로 끝없이 울려 퍼지는
소설 속 꿈 이야기들

어둠 내리는 형광등 불빛으로
쉼 없이 달려오는 흐릿한 소리

창밖에 눈이 날리고 있으니
이제 쉬러 가라는 소리

술 공판장에 새겨진 막걸리 그림
추억이란 명패를 달고
우리들 몸속으로 들어서니
비틀거리며 이 눈을 맞을 수밖에 없다

3

당신과 나는 하나

당신과 나는 하나

당신이 강이 되어 흘러가고 있을 때
나는 당신의 그림자 되어 당신을
따라가고 있었습니다

당신이 호수에서 잠시 쉬고 있을 때
나는 하늘 위로 나는 구름이 되어
당신을 그리워했습니다

당신이 어둔 밤 혼자 흐느끼며
사라진 달빛을 찾아 헤맬 때
나는 더 큰 어둠속에서 당신을
불러야만 했습니다

당신은 늘 소리 없이 흘러가고
내 가슴은 늘 당신의 그림자 되어
따라갈 수밖에 없었습니다

겨울밤에

세상 차가워져
가슴 얼어버린 겨울밤

그 깊은 속 걸어가니
눈물 모른 채 달리던
어린 기억의 파편이 보인다

귓가로 울려오는 작은 노래
따사로운 등잔불로 다가서는
할머니의 긴 그림자 이야기들

시작도 없이 켜진 불꽃이
남으로 가야하는 이 밤

오늘은 도시를 떠나는
기쁜 새가 되어 본다

할아버지 텃밭

나이 든 집 한쪽 귀퉁이에
조그만 할아버지 텃밭

지나온 삶 다 털어버리고
마지막 남은 추억 한 평
이 작은 밭도 과분한 공간이다

그저 바람 한줄기
남은 햇볕 한 모금만 있어도
고마워 지는 그런 城

평생 행복했으니
이젠 외로워도 괜찮다는
할아버지 미소에
무심한 바람도 눈시울을 적신다

바람이 늙은 땀 말려 주고
긴 추억이 노을빛으로 물드는 城
여기가 할아버지 故鄕이다

그런 날이

가끔은
가슴을 모두 비우고
그 속을 어린 시절의 추억으로만
채워놓고 싶은 날이 있다

떠나는 시간만이 있고
돌아올 날은 아예 없는 그런 배를 타고
눈 막고 귀 감은 채 떠나고만 싶은 날이 있다

물 같이 흐르다 돌처럼 굳어 잠든 내 몸
그 위로 세월이 무겁게 쌓여 버려
나도 나를 잊어버린 무거운 시간들을
기억의 저편으로 멀리 보내고 싶은 날

회색의 하늘 걷어 올리고
도시의 불빛 지운 채
어린 그 시간으로 달려가
고향의 언덕에서 불렀던 그 노래를
다시 꺼내서 부르고 싶은
그런 눈물 나는 날이 정말로 있구나

잠든 아내를 보며

아이 하늘로 가고
동생도 먼 산으로 가고
모두가 불탄 거리

열차는 서고
가끔씩 날라오는 간식으로
구름 속 햇살을 볼 수 있었던
회색의 날들

긴 침묵
남은 것 남긴 것 없어도
강은 마르지 않고 살아남아
내 베개를 적시고
그 때마다
아내의 부르튼 손발로
다시 그려낸 어린 고향

이제는 애써 외면하지 않아도 될
아문 상처가 생각나는 시간이면
기도하리
석가도 예수도 아닌
아내의 뜨거운 가슴을 향해

그대

깊은 고요가
그리움으로 다가선 이 밤
그대 이름을 불러봅니다

두 눈에서
그대 얼굴이 새겨진
꽃 소리를 듣습니다

그대가 밝힌 향기 가득한 빛이
이 밤길을 사랑으로 적십니다

고향 가는 길

고향 가는 길
왜 이리도 먼가

세월꽃 핀 고향 산 보러 가는데
어느덧 흰 눈이 내리고 있네

색 바랜 고향 풍경화
저기서 부르고 있는데

내 몸에 달린 고행의 혹이
발길을 무디게 만든다

무거운 인연들
용광로 술잔에 녹이고
고향 꽃 보러 떠난다

어느 날

어느 날
깨달음이 다가왔을 때
나는 떠날 수 없는
고목이 되어
고향을 바라보고 있었다

바람처럼 자유로운
놈이 될 것을 결심해보지만
날개가 없어졌다는 사실에
그저 슬퍼지는 하루

떠나지 못하니
고향 냄새가 귓가에서
더 크게 맴돈다

날개 잃는 내 몸으로
긴 노을이 질긴 햇살 조각 뿌리며
여기도 꼭 고향이 될 거라고
위로해 주는 어느 날

차 한잔에 보이는 당신

당신은 나의 전부입니다
당신의 모습이 이 찻잔 속에 보이는 오늘은
정말로 행복한 날입니다
만남은 운명이었고 그래서 벗어날 수 없음도
숙명이지만 그것이 바로 나의 행복입니다

나는 차를 마시는 것이 아니라
소리 없이 웃고 있는 당신의 향기를
마시고 있습니다

언젠가는 당신도 알게 될 것입니다
세상에서 그렇게 당신을 온통 순백의 색으로
사랑해준 사람이 바로 나였음을

당신이 불러주지 않아도 나는 행복합니다
나에게는 이미 당신의 모든 것이
자리잡고 있기 때문입니다

눈을 감으면 어느새 말없이 나의 마음속에
당신은 앉아 있습니다

당신도 나와 함께 향기 가득한
이 차를 마시고 있습니다

실직

회사 문 닫고
나도 사라지는 날
갈 곳이 집 밖에 없는데
발길은 이상한 곳으로 향한다

텅빈 공간
그네가 무심한 고철이 되어
정지된 채 졸고 있고
쓸쓸함 달래주는 빗소리에
가슴으로 젖어드는 눈물 소리

더 크게 될 거라며 발길 돌려
집 초인종 누르는데
이렇게 빨리 퇴근했냐며
즐거워하는 아이들

그래 여기서 쉴 순 없지

절망의 사막에서도
다시 일어선 징기스칸처럼
초라해진 마음 모두 묻고
다시 문을 나선다

꿈을 꼭 찾아내야
아이들을 볼 수 있다

내가 누구인가

내가 바람인가
내가 구름인가
내가 저 산인가
내가 저 노을인가

바람이 되고 싶고
구름이 되고 싶고
저 산도 되고 싶고
지는 저 노을도 되보고 싶은 마음

내가 누구인지도 모른 채
내 몸속에 자란 인생

아직도 갈 길 먼데
누구인지도 모르고
또 걸어야 하는 세상이다

바람이 아니어도
눈물 흘리지 말고
저 먼 바다까지 술 한잔 걸치면서
노래하며 걸어가자

먼저 간 친구여

- 故 김동수* 친구에게

Ⅰ.

별이 멈추었습니다
아주 큰 별이 소리없이 스러졌습니다

눈물이 멈추지 않습니다
눈물이 강이 됩니다

인생이 이런 건가요
이렇게 슬픔을 쌓아야만 하는 건가요
그렇게 무작정 문을 닫아도 되는 건가요

산도 무너집니다
우리 모두의 가슴도 무너집니다

떠난다고 말도 안했습니다
떠나라고 한 적도 없는데 왜 데려가는 건가요

그래도 이렇게 소리없이 가야만 하는 것이,
이렇게 남은 이들 가슴에 슬픔을 남겨놓고
가는 것이 정해진 운명이라면
이런 인생은 살고 싶지 않다고 소리내어
외치고 싶습니다

Ⅱ.
지난 세월 언제나 웃음으로
지은 죄 없이 아픈 육신 이겨내며
강처럼 푸르게 흘러온 그대

가버린 시간이 바로 미래로 돌아오니
그대 혹 돌아올 수 있을 것 같아
그대의 영원한 생명의 길 가길
기도하렵니다

간 길 멀어도 언제나 문은 바로 옆에 열려 있어
그 문으로 평화의 노래 부르며
그대가 달려와 주기를
백두산 노을처럼 순결함을 담아
빌고 또 빌어 보렵니다

바람 같았던 그대와 만남은
돌 같은 기억의 城이 되어
억년 비바람 견디는 영원한 역사로
기록될 것입니다

떠남의 순간은 또 다른 운명을 약속하는 시간
언젠가 아픔이 없는 세상에서 우리 모두 웃으며
다시 만날 것입니다.

*** 故 김동수** : 춘천, 육사 32기(대령), ADD 수석연구원(공학박사)
K9 자주포 개발

병실

흙 한줌 단단히 쥐고 여는 문
한줄기 거짓 산소에
세포들은 충혈되어 죽어가고
누군가의 고통 소리에 모두가
눈을 감는다

꿈 잃은 자들에게
더욱 모질게 다가서는
멈추지 않는 우주의 법칙

안타까운 공간을 아무리 응시해도
결코 이곳을 사랑할 수 없음을
알게 된다

홍천강

미약골* 샘물
세상 적시러 강으로 떠난다

버들치 꺽지 모래무지 춤추고
산뚝지 가재 미꾸라지 잠자고
자라와 남생이도 노니는 곳
홍천강 물속으로 흐르는 평화

강가의 칼 바위, 뛰는 바위,
앉은 바위, 아갈 바위 위에서
강 속으로 뛰어드는 무공해 아이들

전쟁의 상처 씻어내고
고향 노래 부르며 푸르게 흐른다

퍼 가도 퍼 가도
마르지 않는 이 강이 있어
옷 한 벌 없어도 웃음은
마르는 날이 없다

*** 미약골** : 강원도 홍천강 발원지

4

체온 36.5도

체온 36.5도

너는 산신 모시고
나는 태양신을 모시며
살아간다

눈도 다르고
피부도 다르고
마음도 다른 우리들은
어쩌면 서로가 외계인

평등한 우주 법칙도
마음을 닫은 자들에겐
들리지 않아
계속되는 전쟁 속 인간들

아무리 잘났다고 우겨대도
너의 체온 36.5도
나의 체온도 36.5도
더 좋은 체온 가진자는
존재하지 않는 세상이다

사랑의 온도도
똑같이 맞추고 나면
이 행성에도 평화가 찾아오리라

주전자

처음엔 물만 담긴
아주 작은 주전자

이젠 술도 담고
가끔은 사랑도 담고
미움도 담아온 길

하나 뿐인 주전자에 들어온
수없이 많은 인생들
가고 또 채워도
언제나 갈 길 남아 있다

떨어진 꽃에
정 담아 빚은 술 부어 마시니
구슬피 우는 비가
슬며시 들어와 앉는다

시계

시간 되돌려 보려
시계를 거꾸로 걸어 놓았다

며칠 뒤
젊어진 나를 보려 시계를 본다

거꾸로 매달린 시간에 놀라
허옇게 질린 머리를 뒤집어 쓴
누군가의 모습이 보인다

저 얼굴이 분명
나는 아니라고 외치면서
시계를 땅 속 깊이 묻어버리고
시간 모르는 세상에서
푸른색 머리로 살아야겠다고
결심한다

김수환 추기경

이보다 더 낮은 곳으로
갈 수 있을까

세상 높은 곳 버리고
세상 가장 낮은 곳으로 가신 분

힘 없는 자를 향한 끝없는 기도
당신들의 아픔이 내 아픔
당신들의 고통이 곧 나의 고통

남의 것도 나의 것도
모두 사랑하라는 넓은 말씀에
눈물이 난다

왜 이런 분들이 세상에 많지 않은지

우리들 아픈 상처 치료하느라
잠 못 이룬 고단한 한평생 길
그 길 한번도 자랑한 적 없으시니
이 땅에서 당신과 함께
살았다는 진실이 너무나 행복합니다

바보처럼 가신 길
그 길이 천국의 길임을
모두들 알고 있다

걸어가신 길
역사에 기록되어 영원히
이 땅을, 이 하늘을 빛내리라

법정 스님

미소가 왜 그리도 맑소
당신은 부처이자 천사

힘든 세상에 생명수 주러
온 몸 바쳐 살아온 날들
저 산새들조차 알고 있다네

아픈 자들
무관심한 풀 한포기
모든 것을 사랑하는 그 마음
어디서 왔을까

가진 것 모두 내어놓고
빈손으로 불길 속으로 떠나시는 모습에
가슴이 메어진다

혼자만을 위한 인생이 아니라
더불어 사는 세상이 아름답다는 것을
한평생 몸으로 실천하셨으니
그 누가 당신을 큰 산이라
아니할 수 있겠소

다비식 빨건 불길에
지나온 기록 모두 조각되니
당신의 아름다운 영화는 영원토록
우리들에게 남아있을 겁니다

분재

자유를 잃고
허공으로 서성이는 분재 하나
아픔을 가득 실은 채 웃고 있다

더 이상 갈 수 없는 곳까지
뻗은 단칸 방 뿌리

고향으로 돌아가기에는
너무 작아진 몸

내 삶 잃은 분재가
초점 잃은 채 살고 있는
우리들의 모습과 닮아 있다

분재의 아픈 웃음 지워내야
우리들 썩은 웃음소리도
날려보낼 수 있다

아픈 몸 이끌고
저산 저 높은 곳으로 떠나는 분재

우리도 따라 나선다

돛단배

아주 작은 돛단배
너른 바다에 살고 있다

배 위에 걸린 하늘에서
쏟아지는 이야기들

바다가 넓은 거지
내가 작은 건 아니야하며
흔들거리는 돛단배

점으로 멀어져가도
결코 사라지진 않는다

바다에 돛단배 하나 피여 있고
그걸 부러워하는 내가 있다

영혼 모습

저기 보이는 영혼

숨 쉬는 자여야 바라 볼 수 있다
사랑했던 자여야 들여다 볼 수 있다

밤이 지나가는 소리에 놀라지 않아야
영혼의 샘물에 마음을 씻어낼 수 있다

영혼이 춤을 추니
세상엔 순결한 자들만 남게 되었다

퇴직하는 날

오늘
나보다 먼저 집을 나서는 나의 그림자

너무 오래 걸어온 길
발자국에서 오래된 숨이 들려온다

지친 몸으로 들려오는 소리
이쯤에서 그만 쉬라는 이야기

한평생 날 보살피며
따라다닌 나의 그림자
오늘은 주인이 되어
나를 붙잡고 직장으로 달려간다

치우기에 너무 많이 쌓인 추억
모두 불사르고 나니 미련의 눈물이
한 줌 흙이 되어 흘러내린다

행복했던 사진 몇 장 건져내고
조용히 문을 닫으며 발길 돌린다

버리기 아쉬운 인연
그러니 말없이 떠나야 하는 시간
그림자도 소리없이 나를 따라 나선다

내일은 구름같은 계획 세워
허름한 계곡으로 떠나 보련다

뫼비우스 띠 길

뫼비우스 띠*를 타고
끝없이 맴돈 길

띠는 언제나 그대로 청춘인데
내 몸에는 무거운 주름
가득 매달려 있다

눈을 꼭 감고
뫼비우스 시원을 찾아 나선다

138억 년 전 빅뱅이 보이고
너무 아득하고 너무나 큰 세상
괴롭히는 자 없는 우주를 찾아낸다

이 속에 한 점도 되지 않는 내 몸
이렇게 무거울 리 없다

이 띠 탈출하여
태초의 어둠으로 되돌아가
바람처럼 구름처럼 자유롭게
날아다니며 살고 싶다

* **뫼비우스 띠** : 겉과 안을 구별할 수 없는 곡면

조국

산다는 일이 기쁨일 수 있네
무너진 창 수리하고
땀 밴 막걸리 한잔하면
이 땅이 조금은 푸르르해 보이지 않는가

상처난 이 강산
우리가 다시 일구어 봄세

우주

우주가 돈다
세상이 돈다
아주 작은 나도 돈다

돌아야 살 수 있다

꽃잎이 떨어져도
우주는 그대로 돈다

이 우주가
더 큰 우주로 떨어져나가도
나는 돌아야 술 한잔 마시고
비틀거리며 살 수 있다

그렇게 사는 거다
이 우주에서는

백곰이 날던 날

하얀 연기 뿌리며
하늘로 솟아오르는 백곰*

흘린 땀 전부 싣고
저 먼 180 km 날아가
외로운 표적과 인사한다

축하의 불꽃이 피고
세상을 물들이는 큰 박수에
쏟아지는 눈물 바다

이 땅을 지켜내기 위한
역사 한 줄이 새겨지고

백곰의 태양같은 비상에
지켜지는 9천년 조국의 하늘

* **백곰** : 1978년 9월 26일 대한민국 최초로 국방과학연구소(ADD)에서 개발하여 발사한 미사일

구룡이 난다

발사관에 모인 36발 화약 꽃
날아야 할 곳은 저기

0.5초마다 터지는 불꽃
귀를 찢는 폭발소리는
평화를 향한 울부짖음

수십 키로 날고 날아
한 곳으로 떨어지며 소리친다

적들은 이제 없다

봄에 꽃이 피고
풍성한 가을이 열리는
이 땅을 지켜내기 위하여
제 한 몸 불사르며
숭고한 길을 가는 구룡* 로켓

그대의 불꽃이 있어
그대의 두 눈이 있어
다시는 이 땅에 적들이
오지 못하리라

* **구룡** : 130미리 다연장로켓, 국방과학연구소에서 개발한 로켓

삶의 본질을 향한 久遠의 불꽃

배 용 파
(시인, <사>국제문인협회 이사장)

자연과학과 인문학의 융합을 이끌면서 치열한 시작(詩作)활동을 펼치고 있는 靑淡 김용선 시인이 오랜 산고 끝에 力著인 첫 시집 [눈이 오는 날은 어디론가 떠나고 싶다]를 선보인다. 무엇보다도 삶의 본질에 접근하려는 시인의 뜨거운 집념과 열정, 그리고 불꽃투혼이 가슴에 와 닿을 듯 하여 읽는 이들을 감동시키고 있다.

아주 작은 돛단배
너른 바다에 살고 있다.

배 위에 걸린 하늘에서
쏟아지는 이야기들

바다가 넓은 거지
내가 작은 건 아니야 하며
흔들거리는 돛단배

(...이하 하략, 시 "돛단배" 중에서)

국방과학의 발전을 위해 온몸을 던져 헌신해 오면서도 끝내 놓지 않고 있는 창작의 투혼을 통해 김용선 시인은 삶의 본질에 다가서고 있다.

삶의 여정(旅情)과 자연을 노래하는 김용선 시인이 있어 인문학과 자연과학의 접목과 융합이 극명하게 전개되고 있으며 이와 관련한 김 시인의 문학에 대한 기여, 그리고 선도적 역할은 결코 과소평가될 수가 없다.

…….(전략)
연화봉 봉우리로
잊었던 生命의 울음 날고
두 손 깊이 잡은 채
비로봉 흰 능선에 올라선다.
여기, 정상의 숨소리 거칠고
바람에 날려 보내는 추운 과거와
南에서 밀려오는 愛根의 불빛…

(이하 하략, 시 "小白山 겨울"중에서)

자연에 묻혀 살고자 하는 자연주의자로서의 김용선 시인은 전국의 산하뿐만 아니라 해외의 주요 명소까지도 사진 작품을 통한 미려한 영상물 제작과 혼신의 힘을 쏟은 서예 작품들의 완성으로 문학과 예술에 대한 오랜 세월의 불꽃같은 열정을 소리 없이 태워오고 있는 진정한 시인의 표상이라 하겠다.(실제 김 시인은 전국 규모의 미술대전에서 숱한 서예부문 대상을 수상한 경력을 보유하고 있기도 하다.) 인류 문명의 모태라 할 터키 반도와 유럽 지역을 누비며 터치한 미려한 영상과 마곡사, 화엄사, 설악산 등 전국의 산하를 누비며 완성한 자연소재 작품들을 시작(詩作)으로 승화시킨 김 시인의 문학에의 집념과 열정이 고스란히 담겨있는 첫 시집이라 창작기법의 기술적인 차원에서도 한 단계 업그레이드된 수준으로 평가된다.

또한 자연주의자인 김용선 시인은 아끼던 친구가 먼저 타계하자 그 슬픔을 이기지 못해 밤을 새워 생산한 시 "먼저 간 친구여..."를 발표하여 뭇 사람들의 심금을 울렸다.

먼저 간 친구여

-故 김동수 친구에게

별이 멈추었습니다.
아주 큰 별이 소리 없이 스러졌습니다.
..............(이하 중략)

간 길은 멀어도, 언제나 문은 바로 옆에 열려있어
그 문으로 평화의 노래 부르며 달려와 주기를
백두산 노을처럼 순결함을 담아 빌고 또 빌어 보렵니다.

바람 같았던 그대와의 만남은 돌 같은 기억의 城이 되어
억년 비바람 견디는 영원한 역사로 기억될 것입니다.

떠남의 순간은 또 다른 운명을 약속하는 시간
언젠가 아픔이 없는 세상에서 우리 모두가 웃으며
다시 만날 것입니다.

* 故 김동수 : 육사32기(대령),공학박사
K9 자주포 개발

순수한 자연주의자로서 한결같이 시를 아끼고 사랑하여온 김 시인의 力著인 [눈이 오는 날은 어디론가 떠나고 싶다]에서 독자들은 삶의 본질과 삶의 여정(旅情)에 소리없이 다가서고 있는 시인의 순정한 모습을 마주할 수 있을 것이다. "가장 높이 나는 새가 가장 멀리 볼 수 있다"고 한 리챠드 버크의 명언처럼 김용선 시인도 고독과 방랑, 그리고 자연 속으로의 여행을 통한 작품 활동을 쉼 없이 이어왔기 때문이며 시인 자신의 일생을 시와 함께 하여온 숙명 같은 삶의 여정(旅程)을 마주할 수 있기 때문이다.

젊었던 학창시절, 순정한 시인을 꿈꾸었던 우리나라 국

방과학의 선두주자 靑淡 김용선 시인! 그의 시에서 보듯이 "뫼비우스 띠를 타고 / 끝없이 맴돈 길 / 띠는 언제나 그대로 청춘인데 / 내 몸에는 무거운 주름 / 가득 매달려 있다 / 눈을 꼭 감고 / 뫼비우스 시원을 찾아 나선다 / 138억 년 전 빅뱅이 보이고 / 너무 아득하고 너무나 큰 세상 / 괴롭히는 자 없는 우주를 찾아낸다 / 이 속에 한 점도 되지 않는 내 몸 / 이렇게 무거울 리 없다 / 이 띠 탈출하여 / 태초의 어둠으로 되돌아가 / 바람처럼 구름처럼 자유롭게 / 날아다니며 살고 싶다. ("뫼비우스 띠 길" 전문, * 뫼비우스 띠 : 겉과 안을 구별할 수 없는 곡면)"
참으로 자연주의자, 자유주의자를 갈망하는 절절한 염원을 읽을 수 있으며 인간의 삶의 여정(旅程)과 본질에 대한 시원(始原)을 엿보게도 하고 있다.

시인으로서의 역사관 등 한정된 지면으로 논급하지 못한 부분은 차후에 기회가 있을 것으로 믿으며 이 자리를 빌어 다시 한 번 김용선 시인의 시집 출간을 축하하는 바이다.

서 예

서예의 길

묵향의 세상에 발을 들여놓게 된 건 큰 행운이었다고 생각됩니다.
국방과학연구소 출신으로 한글 서예가이신 조경(早憬) 민남식 선생님을 만나 서예 지도를 받으면서 서예의 무궁무진한 세계를 경험하게 되었다.
훌륭한 서예인이 경지에 오르려면 아직 갈 길이 멀지만 붓을 잡고 글을 쓸 때마다 매번 신선한 기분, 열정과 함께 큰 즐거움을 느낀다.

부족한 점들이 많은 작품이지만 용기를 내어 그동안 여러 서예대회에 출품했던 작품들을 정리해 보았습니다.

※ 서예 주요 이력

- 金龍善, 호는 청담(靑淡), 早憬 閔南植 선생 사사
- 국방과학연구소(ADD) 에묵회(회장)
- 조경 서학회(회상)
- 2015년 한국문화예술연구회 찬조작가 수상
- 2016년 제16회 충청미술전람회 우수상
- 2017년 제13회 대한민국 고불서예대전 우수상

▶ 남도진 「낙은별곡」
2015년 한국문화미술연구회 (작가상)

▶ 정철 「사미인곡」
2016년 제16회 충청미술전람회 (우수상)

▶ 맹사성 「강호사시가」
2017년 제13회 고불서예대전 (우수상)

▶ 맹사성 「강호사시가」
2016년 제12회 고불서예대전 (특선)

▶ 남구만 「동창이 밝았느냐」
2017년 제17회 충청미술전람회 (특선)

▶ 심응섭 「산길」
2014년 제10회 고불서예대전 (특선)

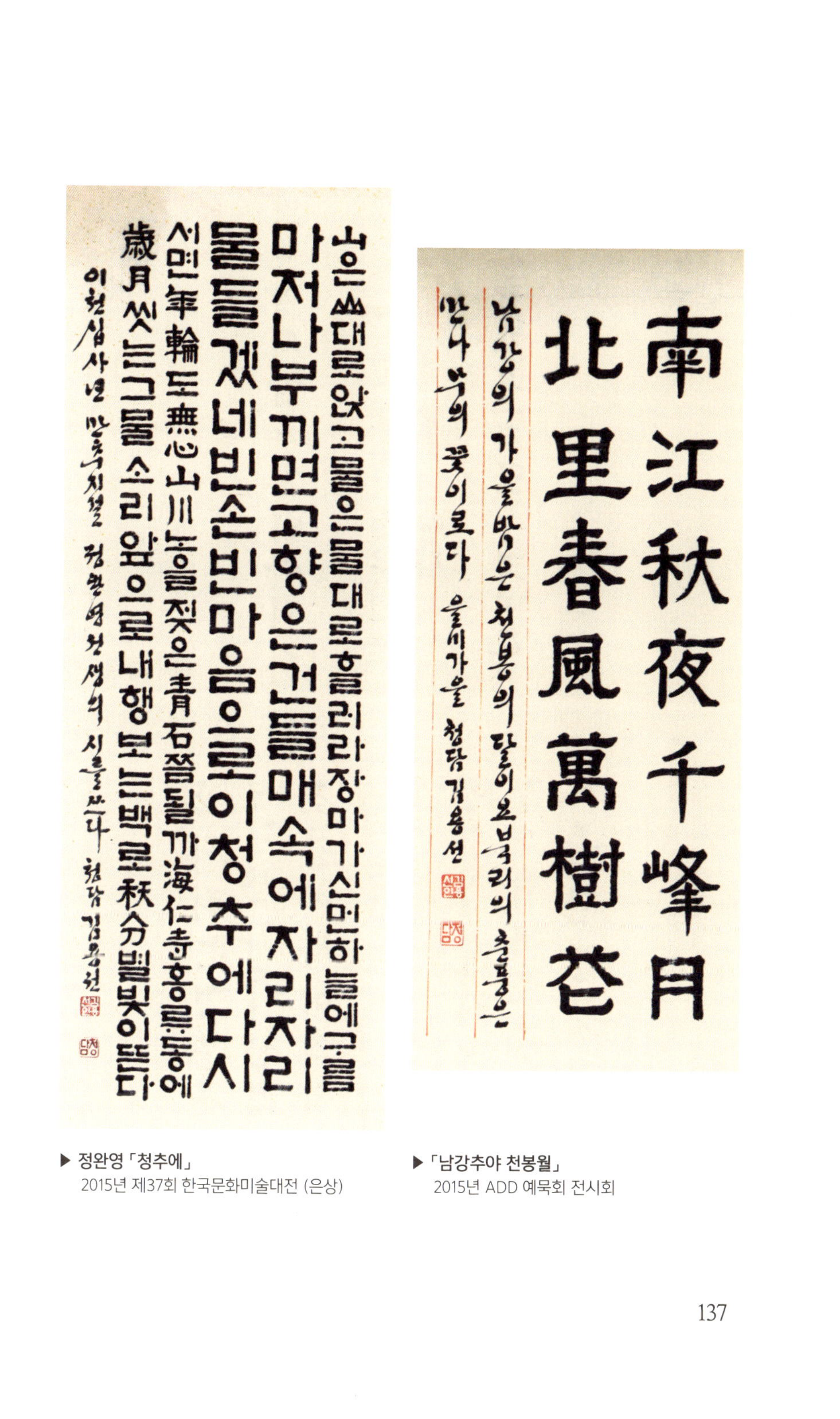

▶ 정완영 「청추에」
2015년 제37회 한국문화미술대전 (은상)

▶ 「남강추야 천봉월」
2015년 ADD 예묵회 전시회

아무것도 갖지 않는 것이 아니라

무소유

정유년 봄
청담

불필요한 것을 갖지 않는 것이다

▼ 법정「무소유」
2016년 국방과학연구소 전시

모자라는 것은 소리를
내지만 가득 찬 것은 아주
조용하다 어리석은 자는

智慧로운 사람

정유년 봄
청담

반쯤 물을 채운 항아리
같고 지혜로운 이는 물이
가득 찬 연못과 같다

▼ 불교경전「지혜로운 사람」
2017년 서울 아세아미술 초대전

青山은엇데ᄒᆞ야
萬古에푸르르며流水
는엇뎨ᄒᆞ야晝夜에
긋지아니ᄂᆞᆫ고우리도
긋치지마라萬古常
靑ᄒᆞ리라

퇴계선생 시한수
청담 김용선

▶ 퇴계 「청산은 엇데하여」
2015년 서울 아세아미술 초대전

千年을늙어도恒常
가락을지니는벽梧桐처럼
一生을춥게살아도결코
香氣를팔지않는梅花
처럼自由스런제모습을잃지않고
살아가고자애쓰며격려하리라

丙申年 가을 청당 김용선

▶ 신흠 「천년을 늙어도」
2016년 제38회 한국문화미술대전

▶ 「용비어천가」
2016년 서울 아세아미술 초대전

▶ 유달영 「그대 아끼게나 젊음을」
국방과학연구소 6본부 전시

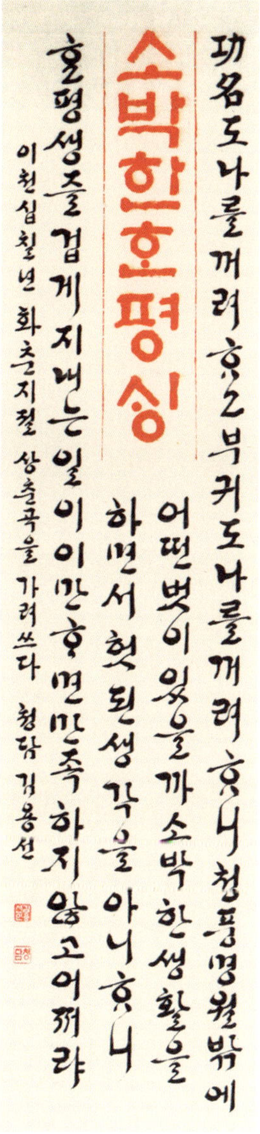

▶ 「상춘곡」
국방과학연구소 2본부 전시

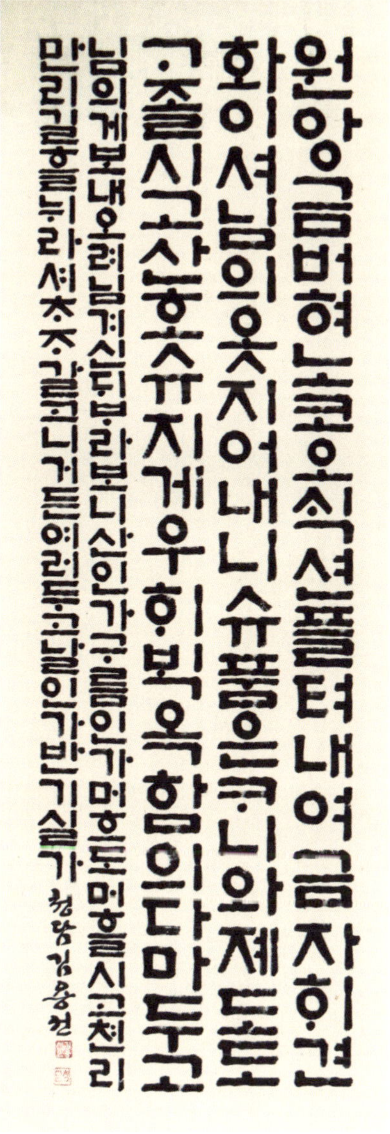

▶ 정철 「사미인곡」
2015년 제47회 국제문화미술대전

사 진

사진예술의 길

바쁜 연구소 생활속에서도 틈틈이 시간을 내어 자연의 신비로움과 일상의 소소한 삶을 카메라에 담으며 달려온 사진예술의 길이 어느덧 27년이 지났습니다.

남천(南泉) 서승민 사진작가 선생의 지도로 사진예술에 대한 많은 지식과 열정을 배우고 또한 연구소 사진동아리 회원들과 출사를 통해 깊은 우정과 추억을 쌓아 왔습니다.

그동안 전시했던 작품들을 모아보았습니다.
사진 속에 많은 사연이 담겨 있어 제게 큰 추억으로 다가옵니다.

※ 사진 주요 이력

- 金龍善 호는 남석(南石), 南泉 서승민 작가 사사
- ADD 전시회(25회), ADD 2본부 작품 개인전시
- ADD 사진회 회장 역임(3회), [illegible] 사진예술 연구회 연구위원

▶ 93년 화엄사

▶ 96년 아산 민속마을

▶ 11년 오스트리아 잘츠부르크

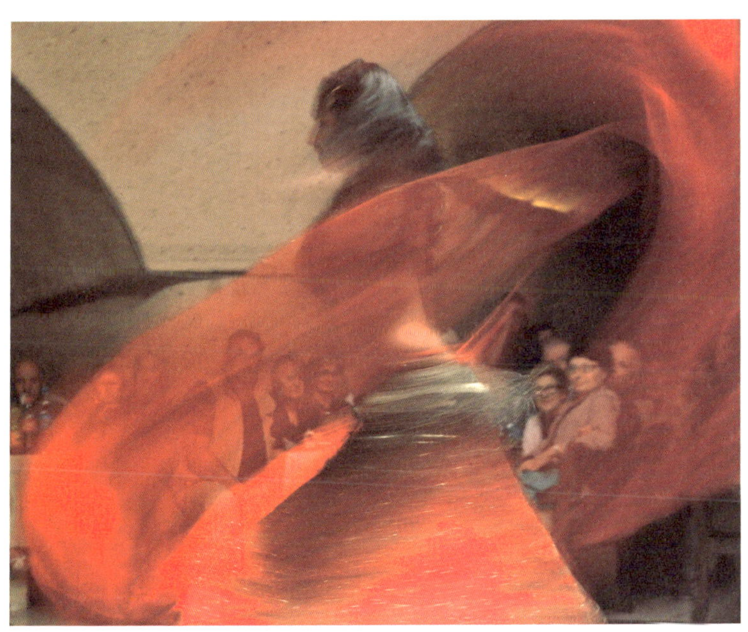

▶ 12년 터키 카파도키아

▶ 98년 대청댐

▶ 02년 월정사

▶ 94년 추암 촛대바위

▶ 03년 춘천 의암호

▶ 04년 이탈리아 피렌체

▶ 99년 속초(동명항)

▶ 04년 십이선녀탕

▶ 07년 설악산

▶ 12년 대전 유성(죽동)

▶ 07년 금산(진산)

▶ 08년 옥천(가산사)

▶ 15년 충남 보령

▶ 16년 금산(엄정리)

▶ 14년 고창 선운사

▶ 14년 중국 삼청산

▶ 02년 충남 사곡

▶ 14년 중국 삼청산

▶ 17년 부여 궁남지

▶ 16년 춘천 의암호(스카이워크)

▶ 08년 금산(엄정리)

▶ 98년 충남 마곡사

▶ 95년 쌍계사

▶ 08년 중국 천문산

▶ 11년 경기도 안성목장

▶ 98년 충남 마곡사

▶ 12년 계룡산

▶ ADD 사진회 정기회원전 포스터

• 연혁

연 도	내 역	역대회장
1991. 8. 7	창립총회	초대 서승민
1992.10.14~10.16	제1회 창립 회원전(국과연)	
1993.12.23~12.26	제2회 회원전(삼성생명전시실)	제2대 서승민
1994.11.14~11.18	제3회 회원전(삼성생명전시실)	제3대 이한배
1995.11.17~11.21	제4회 회원전(삼성생명전시실)	
1996.11.30~12. 4	제5회 회원전(삼성생명전시실)	제4대 강충순
1997.11.29~12. 3	제6회 회원전(삼성생명전시실)	
1998.12.27~12.30	제7회 회원전(타임월드전시실)	제5대 황을하
1999.12.25~12.29	제8회 회원전(삼성생명전시실)	
2000.11.22~11.26	제9회 회원전(대전시민회관)	제6대 서승민
2001.10.14~10.18	제10회 회원전(대전시민회관)	
2002.12. 7~12.11	제11회 회원전(대전시청전시실)	제7대 김용선
2003.12.10~12.14	제12회 회원전(대전시민회관)	
2004.12. 9~12.12	제13회 회원전(대전시청전시실)	제8대 이주철
2007. 6. 6~ 6.10	제14회 회원전(유성문화회관)	제9대 연규백
2008.10.22~10.26	제15회 회원전(대전역갤러리)	제10대 공남표
2009.10.24~10.31	제16회 회원전(대전역갤러리)	
2011.11. 3~11. 6	제17회 회원전(유성문화회관,국과연)	제11대 김용선
2012.11.14~11.23	제18회 회원전(대전역갤러리,국과연)	
2013.11.11~11.22	제19회 회원전(대전역갤러리,국과연)	제12대 김용선
2014.11.19~11.28	제20회 회원전(유성문화회관,국과연)	

• 회원명단

김용선(회장), 이은경(부회장), 송봉호(총무), 김영옥(감사), 공남표,
김홍규, 박영근, 손승찬, 심인옥, 심재용, 이주철, 이진영, 이철화, 장 원
장성조, 최원석, 방극생, 연규백, 이도훈, 이한배, 장인태 [지도 서승민]

국방과학연구소 사진동우회

▶ ADD 사진회 연혁

온북스
ONBOOKS